BEI GRIN MACHT SICH IHR WISSEN BEZAHLT

- Wir veröffentlichen Ihre Hausarbeit, Bachelor- und Masterarbeit

- Ihr eigenes eBook und Buch - weltweit in allen wichtigen Shops

- Verdienen Sie an jedem Verkauf

Jetzt bei www.GRIN.com hochladen und kostenlos publizieren

Die Wundertätigkeiten des heiligen Georg bei Reinbot von Durne

Funktion und Bedeutung innerhalb der christlichen Heiligkeitskonzeption

Bibliografische Information der Deutschen Nationalbibliothek:

Die Deutsche Nationalbibliothek verzeichnet diese Publikation in der Deutschen Nationalbibliografie; detaillierte bibliografische Daten sind im Internet über http://dnb.d-nb.de abrufbar.

ISBN: 9783389047132
Dieses Buch ist auch als E-Book erhältlich.

© GRIN Publishing GmbH
Trappentreustraße 1
80339 München

Alle Rechte vorbehalten

Druck und Bindung: Books on Demand GmbH, Norderstedt Germany
Gedruckt auf säurefreiem Papier aus verantwortungsvollen Quellen

Das vorliegende Werk wurde sorgfältig erarbeitet. Dennoch übernehmen Autoren und Verlag für die Richtigkeit von Angaben, Hinweisen, Links und Ratschlägen sowie eventuelle Druckfehler keine Haftung.

Das Buch bei GRIN: https://www.grin.com/document/1490239

Technische Universität Dresden
Institut für Germanistik
Professur für Ältere und frühneuzeitliche deutsche Literatur und Kultur
Seminar: Aventiuren des Heils und heilige Aventiuren

Semester der Prüfungsleistung: Wintersemester 2019/2020
Art der Prüfungsleistung: Seminararbeit

Die Wundertätigkeiten des heiligen Georg bei Reinbot von Durne
Funktion und Bedeutung innerhalb der christlichen Heiligkeitskonzeption

Studiengang und Fächer: Lehramt an Gymnasien, Deutsch/Geschichte
Fachsemester: 3. Fachsemester

Datum: 17.08.2020

Inhaltsverzeichnis

1. Einleitung 3
2. Die Rolle von Wundern in der Heiligkeitskonzeption 4
3. Die Wunder des heiligen Georg im Reinbot-Roman 6
      3.1 Im Haus der Witwe 6
      3.2 Die Sargprobe 9
      3.3 Das Stuhlwunder 11
4. Fazit 13
5. Literaturverzeichnis 14
6. Quellenverzeichnis 15

1. Einleitung

Die Fähigkeit, Wunder bewirken zu können, spielt in der Heiligkeitskonzeption des Christentums eine wichtige Rolle. Im Mittelalter glaubten die Menschen besonders stark an Wunder und interpretierten unerklärliche Begebenheiten als Zeichen Gottes. In diesem Zuge wurden auch Heilige und Märtyrer in höchster Form idealisiert, was sich letztendlich in einer kultischen Verehrung niederschlug. Diese Heiligen verfügten häufig auch über supranaturale Fähigkeiten und ließen außergewöhnliche Wunder geschehen, weshalb sie von der Bevölkerung zu Gottesmenschen erhoben wurden. Neben vielen anderen Charakteren stellt besonders der heilige Georg eine legendäre frühchristliche Persönlichkeit dar. Noch heute wird jährlich am Georgstag an ihn erinnert. Daneben existieren auch zahlreiche Erzählungen und Legenden, die ihn als Märtyrer und Drachentöter präsentieren.[1] Auch Reinbot von Durne widmete sich der Lebensgeschichte des Heiligen und dokumentierte sie in seinem Georgsroman. Das Werk entstand zwischen 1235 und 1253 im Auftrag des Herzogs Otto II. von Bayern und wurde von Reinbot im höfischen Stil verfasst.[2]

In der vorliegenden Arbeit soll der heilige Georg als Wundertäter genauer in den Fokus geraten. Die Grundlage hierfür bildet Reinbots Erzählung. Im Vordergrund steht dabei die Frage, in welcher Verbindung die Wunderhandlungen zu Gott stehen und welche Funktionen sie erfüllen. Zu diesem Zweck soll vorab erklärt werden, welche Rolle und Bedeutung Mirakel im Christentum einnehmen. Hierfür dient vor allem die Ausarbeitung von Eberhard Demm zu Wundern in der mittelalterlichen Heiligkeitskonzeption[3] als Literaturgrundlage. Anschließend werden ausgewählte Wunderhandlungen des heiligen Georg in Reinbots Roman auf ihre Funktion hin geprüft. Dabei bilden einerseits die Wunder im Haus der Witwe und andererseits die Wundererscheinungen im Königssaal den Schwerpunkt der Analyse. Hier soll vor allem an die Erkenntnisse von Stephanie Seidl[4] und Klaus Brinker[5] angeknüpft werden, die sich in ihren jeweiligen Monographien umfassend mit den Georgslegenden – darunter auch Reinbots Georgsroman – auseinandergesetzt haben und bereits tiefreichende Erkenntnisse zu den dargestellten Wunderhandlungen liefern.

---

[1] Vgl. Keller, Hiltgart Leu: Georg. In: Lexikon der Heiligen und biblischen Gestalten. Legende und Darstellung in der bildenden Kunst. Stuttgart 2013, S. 258.
[2] Vgl. Feistner, Edith: Reinbot von Durne: Georgslegende. In: Brunner, Horst (Hg.): Mittelhochdeutsche Romane und Heldenepen. Stuttgart 2004, S. 311.
[3] Vgl. Demm, Eberhard: Zur Rolle des Wunders in der Heiligkeitskonzeption des Mittelalters. In: Archiv für Kulturgeschichte 57 (1975), S. 300–344.
[4] Vgl. Seidl, Stephanie: Blendendes Erzählen. Narrative Entwürfe von Ritterheiligkeit in deutschsprachigen Georgslegenden des Hoch- und Spätmittelalters. Berlin 2012.
[5] Vgl. Brinker, Klaus: Formen der Heiligkeit. Studien zur Gestalt des Heiligen in mittelhochdeutschen Legendenepen des 12. u. 13. Jahrhunderts. Bonn 1968.

2. Die Rolle von Wundern in der Heiligkeitskonzeption

Ein Wunder wird allgemein als etwas Außergewöhnliches und Unerwartetes beschrieben und kann sowohl gut als auch schrecklich sein, solange es Furcht oder Staunen bewirkt. Jene Wunder, die von christlichen Heiligen im Mittelalter vollbracht wurden, sollten vor allem die Allmächtigkeit Gottes ausdrücken. Die Heiligen nahmen seine Macht nicht nur am eigenen Körper wahr, indem sie beispielweise keine Schmerzen während ihres Martyriums verspürten, sondern hatten zudem die Aufgabe, ihre Mitmenschen über die gewaltigen Kräfte Gottes aufzuklären und ihre Erkenntnisse weiterzugeben. Somit signalisierte das Wunder den Gläubigen, dass neben ihrem irdischen Dasein auch eine übernatürliche Realität existiert, was ihren Glauben an Gott stärken sollte. Ebenso konnten Nichtchristen für derartige Wunder empfänglich sein und auf diese Weise zu einem Übertritt in die christliche Religion veranlasst werden. Schließlich liegt es im Wesen des Wunders, dass es durch konventionelle Gesetzmäßigkeiten und den eigenen Verstand nicht zu erklären ist und deshalb zwangsläufig von einer überirdischen Macht ausgehen müsse.[6]

Die Heiligen selbst nahmen sich Christus zum Vorbild für ihre eigene Lebensweise und versuchten ihn bestmöglich nachzuahmen, nicht zuletzt wegen seiner herausragenden thaumaturgischen Verdienste. Daneben wurde im Mittelalter auch das ideale christliche Leben der Apostel – die *vita apostolica* – als Maßstab für den persönlichen Lebensstil gesetzt.[7] In diesem Zuge spielte auch der Tugendbegriff eine wichtige Rolle. Die Heiligen erhielten durch Gott die göttliche *virtus*, die sie zu Wunderhandlungen befähigte und ihnen somit eine übernatürliche Machtstellung verlieh. Um dabei nicht der Überheblichkeit zu erliegen, mussten die Heiligen ihr Leben in höchster Demut führen, die deswegen auch zur wichtigsten Tugend erhoben wurde. Darüber hinaus übertrug sich die *virtus* auf jegliche Besitztümer des Heiligen. Was immer er berührte, wurde mit göttlicher Macht aufgeladen. Die übertriebene Verehrung der Heiligen im Mittelalter lässt sich auf deren Wunderfähigkeiten zurückführen, da die Menschen nirgendwo sonst die Allmächtigkeit Gottes in einer solchen Größenordnung anzutreffen vermochten.[8]

Insgesamt nimmt das Wunder in der Heiligkeitskonzeption des Mittelalters einen hohen Stellenwert ein, da letztendlich das Volk darüber entschied, wer als Heiliger galt und als solcher verehrt wurde. Dabei konnte ein Heiliger in erster Linie an seinen thaumaturgischen

---

[6]Vgl. Lembke, Astrid: Erzählte Heiligkeit. St. Georg in mittelalterlicher Dichtung. Berlin 2008, S. 58 f.
[7]Vgl. Demm, Eberhard: Heiligkeitskonzeption (wie Anm. 3), S. 301 ff.
[8]Vgl. Angenendt, Arnold: Heilige und Reliquien. Die Geschichte ihres Kultes vom frühen Christentum bis zur Gegenwart. München 1994, S. 76.

Fähigkeiten erkannt werden, weshalb das Wunder folglich als ausschlaggebendes Kriterium der Heiligkeit angesehen wurde. Der Heilige wurde aufgrund seiner Begabung von den Menschen in höchster Form bewundert, denn er bot ihnen Schutz und Unterstützung in schwierigen Situationen oder Lebensphasen.[9]

Die Wundererscheinungen selbst können sehr vielfältig sein und werden daher in bestimmte Kategorien und Typen unterschieden. Prinzipiell gibt es zwei geläufige Begriffe zur Beschreibung und Einordnung von Wundern: die *miracula* als Wunder Gottes und die *mirabilia*, die alles natürliche Verwunderliche bezeichnen. Die auf Heilige übertragenen Wunderkräfte zählen somit ebenfalls zu den *miracula*. Solche Wunder werden in Abgrenzung zu den *mirabilia* als Ereignisse *contra naturam* definiert, um sie so von naturgemäßen Geschehnissen abzuheben. Ein „natürliches" Unwetter oder ungewöhnliche Himmelserscheinungen wurden zwar oftmals als Zeichen Gottes gedeutet, waren aber dennoch keine Wunder *contra naturam*.[10]

Die christlichen Heiligenwunder lassen sich in ihrer Erscheinungsweise aber noch weiter unterteilen: Wunder können einerseits als Form der göttlichen Fürsorge auftreten, der Lobpreisung des Heiligen durch Gott dienen oder von Heiligen selbst gewirkt werden. Im Endeffekt zielen aber alle Wundertypen darauf ab, die Tugendhaftigkeit des Heiligen – die göttliche *virtus* – zu bestätigen und zu offenbaren.[11] Ein weiteres Differenzierungssystem unterscheidet körperliche und geistige Wunder voneinander. Die *miracula corporalia* beziehen sich dabei auf einen Körper, was beispielsweise bei Heilungswundern der Fall ist, wogegen sich die *miracula spiritualia* vor allem in den Bereich des gottesfürchtigen Lebens und der guten Taten einordnen lassen.[12] Trotz dieser Unterscheidungen haben alle Heiligenwunder gemein, dass Jesus durch die in den Wundern enthaltene göttliche *virtus* stets allgegenwärtig ist. Die Wunder verweisen in ihrer Funktion somit jederzeit auf die Präsenz Christi.[13] Darüber hinaus sollen sie die machtvolle Überlegenheit Gottes und seiner „Auserwählten" veranschaulichen. Allerdings sind die Heiligen trotz ihrer privilegierten Stellung von Gott abhängig und ihm niemals ebenbürtig.[14]

---

[9] Vgl. Demm, Eberhard: Heiligkeitskonzeption (wie Anm. 3), S. 325.
[10] Vgl. Angenendt, Arnold: Das Wunder. Religionsgeschichtlich und christlich. In: Heinzelmann, Martin (Hg.): Mirakel im Mittelalter. Konzeptionen - Erscheinungsformen – Deutungen. Stuttgart 2002, S. 104.
[11] Vgl. Brinker, Klaus: Formen (wie Anm. 5), S. 219.
[12] Vgl. Demm, Eberhard: Heiligkeitskonzeption (wie Anm. 3), S. 311.
[13] Vgl. Heinzelmann, Martin: Die Funktion des Wunders in der spätantiken und frühmittelalterlichen Historiographie. In: Heinzelmann, Martin (Hg.): Mirakel im Mittelalter. Konzeptionen - Erscheinungsformen – Deutungen. Stuttgart 2002, S. 55.
[14] Vgl. Brinker, Klaus: Formen (wie Anm. 5), S. 219 ff.

3. Die Wunder des heiligen Georg im Reinbot-Roman

3.1 Im Haus der Witwe

Zunächst sollen die Wunderhandlungen Georgs außerhalb des Königshofs genauer untersucht werden, die allesamt im Haus einer armen Witwe stattfinden. Nachdem Georg die erste Marter überstanden hat, soll er auf Anweisung des Königs Dacian für die zweite Marter *in ein alsô armez hûs* (V. 1895) fortgebracht werden, um dort den Hungertod zu sterben. Das Haus sei nach Reinbot in keinerlei Hinsicht zur Bewirtung eines vornehmen Gastes ausgestattet, denn *alter met und klârer wîn, vische und wiltbræte und ander guot geræte dem hûse allez sampt gebrast* (V. 1920–1923). Die Bewohnerin des Hauses, eine mittellose Witwe, entschuldigt sich sodann für die misslichen Umstände, flüchtet bei Georgs prachtvollen Anblick aber sofort *gên der tür* (V. 1942). Als Georg sie daraufhin nach den Gründen ihrer Angst fragt, erklärt sie, sein Körper sei *alsô minniclîchen schîn,* [er müsse] *wol ein engel sîn* (V. 1951 f.). Wie bereits an anderen Stellen des Romans wird hier auf die unbeschreibliche Schönheit Georgs und sein auratisches, glanzvolles Auftreten verwiesen, um so seine Ritterlichkeit offenkundig zu betonen.

Im weiteren Gesprächsverlauf offenbart die Witwe ihren Glauben an den Gott Apollo. Laut Georg sei dieser allerdings für ihre Mittellosigkeit verantwortlich, denn sie würde von einem Heidengott wie ihm *nimmer rîch* (V. 1962) werden. Um seiner Aussage Nachdruck zu verleihen bewirkt Georg kurz darauf ein eindrucksvolles Wunder im Haus der Witwe. Ihm erscheint der Engel Cherubin, welcher ihn zunächst mit dem Appell „*gedenc an dîne edelkeit*" (V. 1991) an die Bewahrung seiner Ehre erinnert. Denn die dürftige Unterkunft, in der sich Georg aufhält, ist seinem Adelsstand keineswegs angemessen. Um seine Reputation zu restituieren, verleiht ihm der Engel göttliche Kraft, die ihn schließlich dazu befähigt, das Haus der Witwe in einen blühenden Baum zu transformieren. Dieser Baum war *sô wol gekleit, daz der mei ze keiner zît,* […] *keinen boum gekleite nie* (V. 2021–2025).

Das sogenannte Maiwunder hat im Grunde zweierlei Nutzen: Einerseits besitzt Georg aufgrund seiner Heiligkeit ein hohes Ansehen, das durch seinen Aufenthalt bei der Witwe jedoch verletzt wird und demzufolge wiederhergestellt werden muss. Das Wunder ist somit höfisch motiviert, da Georg durch die Aberkennung aller Ehre gleichzeitig auch aus der adligen Gesellschaft exkludiert wird.[15] Ebenso wird durch das Wunder die eindeutige Überlegenheit des christlichen Gottes demonstriert, der im Gegensatz zu Apollo für Wohlstand und Reichtum sorgt. Denn Gott

---

[15]Vgl. Seidl, Stephanie: Erzählen (wie Anm. 4), S. 174.

offenbart sich über die verliehene *virtus* in der Wunderhandlung.[16] Dieser Aspekt wird durch das nachfolgende Gebet Georgs noch verstärkt, in welchem er Gott für die entgegengebrachte Gnade dankt. Durch den Ausspruch *„ey süezer got, wâ tæt du ie sô grôziu wunder durch mich?"* (V. 2048 f.) wird außerdem Georgs Nähe zu Gott und seine Auserwähltheit als Heiliger betont. Die Ansprache hebt die Wunderhandlung deutlich als göttliche Fügung hervor; sie lässt Gott als Urheber aller Herrlichkeit und Glückseligkeit erkennen.

Darüber hinaus zeigt sich der übernatürliche Charakter des Frühlingswunders insbesondere in der Unmöglichkeit, mitten im Winter eine Blütenpracht hervorzubringen, was in Anbetracht der umliegenden Schneelandschaft sehr unrealistisch erscheint.[17] Im Gegenzug ist es aber genau jene Sonderbarkeit, die das Wunder als Ereignis *contra naturam* ausmacht. Das Haus der Witwe wird somit zu einem Ort, der abseits jeglicher Gesetzmäßigkeiten existiert.

Während Georg das Haus in einen blühenden Baum verwandelt, füllt sich der Tisch gleichzeitig mit göttlichem *himelbrôt, daz im der engel dâ vor bôt* (V. 2073 f.). Auch das Obst an dem Baum ist schon reif, obwohl es erst *des selben morgens fruo* (V. 2102) blühte. Durch dieses „Speisenwunder" soll Georg von Gott vor dem Verhungern bewahrt und Dacians Vorhaben somit konterkariert werden. Die Witwe ist vollkommen fasziniert von der Transformation ihres Hauses und bezeichnet Georg deshalb zunächst als einen Gott. Daraufhin beseitigt er dieses Missverständnis, indem er sie darüber aufklärt, dass er nur *sîn kneht und sîn gebot* (V. 2091) sei und Gott durch ihn die Wunder wirke. Hiermit wird das klare hierarchische Verhältnis zwischen Gott und den Heiligen herausgestellt, denn diese sind niemals mit Gott gleichzusetzen.

Georgs adlige Position wurde nun wieder endgültig restauriert. Dabei kann die Witwe an diesem Luxus partizipieren, denn bald darauf *begund si bêde spîsen* (V. 2103). Sobald sie sich Brot und Obst zu Munde führten, nahmen diese den Geschmack von *vasant oder visch, môraz, wîn oder met, sirôpel oder clâre* (V. 2106 ff.) an. Die „einfachen" Speisen wurden somit zu höfischen Gerichten. Diese Umwandlung veranschaulicht einerseits den behobenen Missstand und Georgs Zugehörigkeit zur Oberschicht. Andererseits bringt es wiederum die Allmächtigkeit und Superiorität Gottes zum Vorschein, der das anfangs kärglich ausgestattete Haus zu einem Ort der Bequemlichkeit umgestaltet hat.

---

[16]Vgl. Seidl, Stephanie: Erzählen (wie Anm. 4), S. 167.
[17]Vgl. Kraß, Andreas: Der heilige Eros des Märtyrers. Eine höfische Georgslegende des deutschen Mittelalters. In: Kraß, Andreas; Frank, Thomas (Hg.): Tinte und Blut. Politik, Erotik und Poetik des Martyriums. Frankfurt am Main 2008, S. 154 f.

In Anbetracht der erlebten Wunder bittet die Witwe Georg anschließend um die Heilung ihres versehrten Kindes, denn *daz wart blint unde krump* (V. 2129). Georg erfüllt ihren Wunsch und heilt das Kind durch ein Gebet, sodass es *was mit alle gesunt* (V. 2151). Daraufhin eilt die Witwe in die Stadt, um den Menschen von dem Heilungswunder zu berichten und den christlichen Gott zu lobpreisen. Denn nur er *kan büezen alliu herzeleit* (V. 2160), während Apollo ihr nie im Geringsten helfen konnte. Die Diffamierung der heidnischen Gottheit durch die Witwe verstärkt die Dominanz der christlichen Religion und lässt diese als weitaus überlegener erscheinen. Schließlich ist es kein Christ, der Apollo dermaßen herabwürdigt, sondern eine Heidin, die in aller Öffentlichkeit zum Christentum konvertiert. Da Georgs Mission darin besteht, den christlichen Glauben zu verbreiten und die Bevölkerung zu missionieren, stellt die Bekehrung der Witwe eine wichtige Funktion des Wunders dar.

Auch Dacian erfährt von dem Wunder und fährt mit seiner Frau sowie siebzig Königen zum Haus der Witwe, um sich persönlich zu überzeugen. Die Menschenansammlung umringt Georg in einer solchen Weise, dass seine anfängliche Einsamkeit und Ausgrenzung gewissermaßen in eine Hofversammlung umschlägt.[18] Dieser Wandel kann dabei symbolisch als erneute Integration Georgs in die höfische Gesellschaft gedeutet werden. Dacian macht das Erscheinen einer heidnischen Gottheit für das Wunder verantwortlich, welche sich *ein stat in disem hûse hie* (V. 2215) auserwählt habe. Jesus sei laut Dacian nur *ein hövescher zouberære* (V. 2292), dessen Wundertaten einzig und allein im irdischen Bereich zu verorten wären, sodass es sich lediglich um höfische *mirabilia* handeln würde. Der Text bietet an dieser Stelle zwei Deutungsebenen: Während Dacian die Erscheinungen als Werk eines Zauberers auslegt, schreiben die Witwe und der Engel Cherubin die Wunder klar dem christlichen Glauben und der Heiligkeit Georgs zu. Reinbot selbst lehnt Dacians Perspektive dezidiert ab und charakterisiert die *miracula* im Text als Wunder Gottes. Dennoch sind die Wunder zum Teil höfisch motiviert, da sie nicht nur der Demonstration von Georgs Heiligkeit dienen, sondern auch seine Ritterlichkeit bestätigen sollen.[19]

Als Georg letztendlich aus dem Haus tritt, *dô geswigen die vogel sâ, […] und begunde rîsen daz loup* (V. 2285 ff.). Hierbei zeigt sich eine direkte Verbindung zwischen Georg und den Wundertaten, denn sobald er das Haus verlässt, verschwinden der Baum und das Maiwetter. Dadurch wird nicht nur Dacians Annahme widerlegt, dass ein Heidengott die Wunder gewirkt habe, sondern Georg auch eindeutig als Verursacher der Wundererscheinungen herausgestellt.

---

[18]Vgl. Seidl, Stephanie: Erzählen (wie Anm. 4), S. 169.
[19]Vgl. ebd., S. 173 f.

3.2 Die Sargprobe

Während die Wunder im Haus der Witwe außerhalb des königlichen Machtzentrums stattfanden, tragen sich die folgenden Wunderhandlungen direkt am Königshof zu und damit in höfischer Umgebung. Nachdem Georg auf Dacians Befehl hin viergeteilt wurde, setzen ihn die Engel Cherubin und Michael wieder zusammen. Daraufhin begibt er sich zu Dacian, welcher in Anbetracht von Georgs Unzerstörbarkeit beschließt, die Folterungen bis zur Rückkehr der beiden Herrscher Diokletian und Maximilian vorerst zu unterbrechen.[20]

Inmitten dieses Kampfszenarios soll Georg nun „ein Spiel machen" (V. 5080), also ein Wunder vollbringen, welches den Menschen am Hof zum Zeitvertreib dienen soll. Dacian führt Georg zu einem Sarg, dessen Inschrift es aber jedem verbietet ihn aufzubrechen. Falls Georg das Öffnen des Sarges dennoch gelingen sollte, dann würde Dacian zugeben, dass er *ein küener man* (V. 5089) sei. Die Aussicht auf Ehrerweisung ist wiederum ein höfisches Motiv für die Wunderhandlung, da sie Georgs Ansehen in der adligen Gesellschaft erheblich steigern würde. Aus diesem Grund nimmt Georg die Herausforderung an und beschwört den Sarg, bis er schließlich *von ein ander gie* (V. 5106) und die Gebeine toter Menschen zum Vorschein bringt.

Daraufhin fordert Dacian Georg auf, mit einem zweiten Wunder die Toten im Sarg wiederzubeleben. Sollte er dabei Erfolg haben, so wolle sich Dacian sogar taufen lassen. Somit übernimmt die Wunderhandlung neben der höfischen nun auch eine transzendente Funktion, da sie die Hoffnung auf missionarische Erfolge weckt.[21] Die Bekehrung des Königs würde die Überlegenheit der christlichen Religion endgültig bestätigen. Hierbei zeigt sich wiederum die Relevanz des Wunders für die Heiligkeitskonzeption, denn Dacian würde den Christengott erst anerkennen, wenn Georg die Totenerweckung gelingt. Die Überwindung des Todes stellt demnach selbst für Dacian den ultimativen Beweis für die Allmacht des christlichen Gottes dar und muss zwangsläufig auf dessen Kräfte rekurrieren. Dieser Zusammenhang hat seinen Ursprung in der göttlichen Weltordnung, die Georg in seiner Gottesansprache expliziert: Die Welt ist durch die Hand Gottes *gemezzen und gerihtet, geordent und getihtet* (V. 5131 f.) worden, sodass die Anordnung der Erde einem göttlichen Prinzip folgt. Folglich verfügt Gott auch über die Macht, die selbst gesetzte Ordnung zu ändern und die Toten wiederauferstehen zu lassen.

Nachdem Georg seine Lobrede beendet hat, wurden die Verstorbenen wieder lebendig und *stuonden [...] gesunt dort, rehte als si wâren vor drin hundert jâren* (V. 5164 ff.). Ein junger

---

[20]Vgl. Seidl, Stephanie: Erzählen (wie Anm. 4), S. 170 f.
[21]Vgl. Brinker, Klaus: Formen (wie Anm. 5), S. 141.

Mann namens Johel bittet Georg sofort um die Taufe, woraufhin sich die restlichen Auferstandenen dieser Bitte anschließen. Georg lässt auf der Stelle einen Brunnen erscheinen und *dar inne touft er si für wâr* (V. 5186). Währenddessen berichtet Johel von seinem Höllen-Schicksal, für das er Apollo verantwortlich macht. Denn die Auferstandenen mussten wegen ihm *driuzehen und drî hundert jâr* (V. 5198) für ihre Sünden im Fegefeuer büßen. Allerdings kannten sie zu ihren Lebzeiten keinen anderen Gott als Apollo. Dieser sei laut Johel jedoch ein *trache ungehiure* (V. 5195) und habe deswegen nichts anderes als ewige Verunglimpfung verdient.

Die Drachengestalt spielt vor allem in der christlichen Apokalyptik eine zentrale Rolle: In der Offenbarung des Johannes wird prophezeit, dass kurz vor dem Jüngsten Gericht „ein Drache, groß und feuerrot, mit sieben Köpfen und zehn Hörnern und mit sieben Diademen auf seinen Köpfen" (Offb 12,3) erscheinen würde und sich als Satan zu erkennen gebe. Die Bibel warnt vor dessen Ankunft auf Erden, da er die Menschen verführen und von ihrem Glauben abbringen wolle (Offb 12,9). Johel setzt Apollo gewissermaßen mit dem Teufel gleich, um so seine Hinterhältigkeit hervorzuheben und ihn als Falschgott zu identifizieren. Gleichzeitig bewirkt die erneute Herabwürdigung des Heidengottes wiederum eine Aufwertung des christlichen Glaubens. Darüber hinaus lässt sich Johels Rede über die Hölle auch als Hinweis oder Ermahnung an Dacian deuten: Sollte er nämlich nicht von seinem Falschglauben ablassen, so würde ihn dasselbe Schicksal ereilen.

Letztendlich erlöst Georg die Seelen der Auferstandenen aus der Höllenqual und verspricht ihnen die Aufnahme ins Paradies, denn durch die Taufe seien sie nun *geliutert als daz golt* (V. 5211). Dort angekommen sollen sie Alexandrina und dem gesamten Himmelreich Georgs Grüße ausrichten. Die Befreiung der Untoten von ihrem Leid bestätigt zudem die moralische Überlegenheit des christlichen Gottes, denn er zeigt den ehemaligen Heiden gegenüber Gnade und nimmt sie in sein Reich auf.

Nachdem sich die Auferstandenen wieder in den Sarg gelegt hatten und von den Engeln ins Jenseits überführt wurden, wendet sich Georg an Dacian und fordert die Einlösung seines Versprechens. Er habe das Wunder schließlich mit eigenen Augen wahrgenommen und soll *got dar umbe êren* (V. 5241), sich also ebenfalls taufen lassen. Sollte er sein Wort jedoch nicht halten, würde er in der Konsequenz seine königliche Ehre verlieren und als Tyrann verurteilt werden. Nichtsdestotrotz widersetzt sich Dacian der Taufe, denn ihm zufolge könne Georg noch so *grôziu dinc* (V. 5251) vollbringen, er würde niemals von seinem Gott absehen. Daraufhin vergleicht ihn Georg mit dem babylonischen König Belsazar. Dieser habe sich laut der Bibel

„gegen den Herrn des Himmels erhoben" (Dan 5,23) und wurde letztlich für seine Hybris getötet. Dacian würde das Wunder nicht als Beweis für die Allmächtigkeit des christlichen Gottes anerkennen und sei demnach *zer helle ouch geselt* (V. 5291). Aufgrund seiner sturrsinnigen Einstellung dem Wunder gegenüber begehe er eine große Sünde und müsse deswegen in ewiger Verdammung leben.[22]

Die Wunderhandlungen im Königssaal werden insgesamt nur knapp geschildert. Stattdessen stehen die Konversationen zwischen Georg und Johel beziehungsweise Dacian im Vordergrund des Geschehens. Sie verdeutlichen, welche negativen Konsequenzen der Abfall vom christlichen Glauben nach sich ziehen kann und wirken somit beinahe wie eine theologische Unterweisung.[23] Die Aussicht auf Missionierung nimmt für die gesamte Wundererscheinung einen hohen funktionalen Stellenwert ein und gerät daher auch eher in den Erzählfokus als die thaumaturgische Handlung selbst.

3.3 Das Stuhlwunder

Nach der Auseinandersetzung zwischen Georg und Dacian verlässt der Heidenkönig *als ein überwunden man* (V. 5302) seinen Hof, um die Gelegenheit zur endgültigen Vernichtung Georgs abzuwarten. Die verbleibenden Fürsten wollen die höfische Versammlung fortsetzen und beschließen daher, Georg zu Ehren ein prächtiges Fest zu veranstalten. Als *der markîs in den sal gie* (V. 5323) wird er mit großer Freude empfangen, denn *si sâhn in alle gerne* (V. 5325). Sein Auftreten wird wie im Haus der Witwe als äußerst glanzvoll und überwältigend beschrieben, um so seine Ritterlichkeit hervorzuheben und ihn äußerlich in die höfische Umgebung zu integrieren. Zur Verstärkung dieses Effekts wird Georg von den Königen anschließend dazu befragt, *wie der Salneckære ze kristen wære worden* (V. 5344 f.). Daraufhin berichtet Georg von seinem siegreichen Kampf gegen den König, den er aber nur mit Gottes Hilfe habe gewinnen können. Gott habe ihm die nötige Kraft verliehen, um gegen die hundert Mann des Königs Salneckære anzutreten und sie letztendlich zu bekehren.

Im weiteren Verlauf der Feierlichkeit wird Georg erneut gebeten, ein Wunder zur höfischen Unterhaltung zu wirken. Hierfür soll er die vierzehn Thronstühle der Fürsten wieder mit Blättern und Laub versehen. Sollte Georg dieses Wunder gelingen, so gebe ihm der König von Mayedon *den lôn daz* [ihn] *der touf begiuzet* (V. 5586 f.). Genau wie bei der Totenerweckung wird auch hier die Aussicht auf Bekehrung zum Hauptmotiv der Wunderhandlung. Gleichzeitig

---

[22]Vgl. Brinker, Klaus: Formen (wie Anm. 5), S. 144.
[23]Vgl. ebd.

wird das Wunder wiederum als einziges ausschlaggebendes Argument für die Allmächtigkeit des christlichen Gottes angesehen.

Mithilfe eines Gebets lässt Georg die Stühle ergrünen, sodass sie *mit loube und von bluote klâr* (V. 5611) bedeckt sind. Die Könige sind über diese Erscheinung zutiefst erstaunt, denn sie haben noch nie ein *wunder alsô wilde* (V. 5615) zu Gesicht bekommen. Kurz darauf macht Georg die Wunderhandlung jedoch rückgängig und lässt das Laub wieder von den Stühlen fallen. Die Fähigkeit, das Wunder sowohl heraufzubeschwören als auch verschwinden zu lassen, verdeutlicht Georgs auserwählten Status gegenüber der restlichen Hofgesellschaft. Denn allein er verfügt über die göttliche *virtus*, die ihn zur Erzeugung beziehungsweise Auflösung des Wunders befähigt und seine Präsenz zur notwendigen Bedingung der thaumaturgischen Handlung macht. Somit führt jegliche Wundererscheinung auch nie zu einer anhaltenden Veränderung der Realität, sondern dient ausschließlich der Machtdemonstration Gottes.

Nach dem „Stuhlwunder" fasst der König von Mayedon voller Erstaunen die Wundertaten Georgs zusammen: Dieser habe Bäume grünen lassen, die Toten auferweckt, ein Kind geheilt und schließlich dürres Holz zum Blühen gebracht. In Anbetracht all dieser Wundererscheinungen kann der König die offensichtliche Überlegenheit des christlichen Gottes nicht länger bestreiten und lässt sich zusammen mit weiteren *aht tûsent fünf und drîzec* (V. 5643) Heiden taufen. Ähnlich wie bei dem Sargwunder tritt die Beschreibung des Wundergeschehens eher in den Hintergrund. Stattdessen liegt die Betonung auf der Reaktion des Königs, die von Reinbot als richtige Haltung dem Wunder gegenüber herausgehoben wird.[24] Denn im Gegensatz zu Dacian erkennt der König von Mayedon das Wunder als Bestätigung der göttlichen Macht an und hält sein Versprechen.

Die anschließende Massentaufe stellt gewissermaßen den Höhepunkt der Missionierung dar und verdeutlicht somit gleichzeitig den Erfolg der Wunderhandlungen. Denn diese haben zur Verbreitung des Christentums wesentlich beigetragen und sind daher von elementarer Bedeutung für Georgs Mission. Die Aufzählung der vollbrachten Wundertaten lobt Georgs herausragende Verdienste als Heiliger und bildet zudem die Legitimationsbasis für den Konfessionswechsel des Königs von Mayedon. Darüber hinaus veranschaulicht die Liste an Wundern den restlichen Heiden, dass die Überlegenheit und Allmacht des christlichen Gottes unbezweifelbar ist, woraufhin sie dem Beispiel des Königs folgen und sich von Georg ebenfalls taufen lassen.

---

[24]Vgl. Brinker, Klaus: Formen (wie Anm. 5), S. 144.

4. Fazit

Zu Beginn stand die Frage, wie die hier vorgestellten Wundertätigkeiten mit Gott verknüpft sind und welche Funktionen sie dabei erfüllen. Es lässt sich zunächst allgemein festhalten, dass die Wundererscheinung als solche eine fundamentale Rolle in der christlichen Heiligkeitskonzeption spielt. Auch bei Reinbot stehen die gewirkten Wunder in direkter Verbindung zu Georgs Heiligkeit und veranschaulichen somit seine Auserwähltheit und Nähe zu Gott. Seine thaumaturgischen Fähigkeiten werden ihm in Form göttlicher *virtus* verliehen und ermächtigen ihn folglich zur Wirkung von Wundern. Demnach lassen sich die Wundererscheinungen eindeutig auf die Kräfte Gottes zurückführen, denn es ist Gott selbst, der die Wunder durch Georg hervorbringt und in ihnen seine Allgegenwärtigkeit offenbart.

Georg ist als göttlicher Vertreter und Heiliger dafür verantwortlich, den christlichen Glauben zu verbreiten und die Menschen von der Existenz einer höheren Macht zu überzeugen. Die Missionierung ist seine äußerste Priorität, denn er befindet sich mit Dacian mitten im Konfessionskrieg. Allerdings kann die Dominanz des christlichen Glaubens ausschließlich durch die gewirkten Wunderhandlungen veranschaulicht werden, da die Bevölkerung nur auf diese Weise in der Lage ist, die Superiorität und Allmächtigkeit des christlichen Gottes wahrzunehmen. Vor allem im Haus der Witwe wird in diesem Zusammenhang eindrucksvoll herausgestellt, dass der Christengott als Schöpfer aller Herrlichkeit für Reichtum und Pracht sorgt, während Apollo das ganze Gegenteil bewirkt. Denn der Heidengott hat sowohl die Armut der Witwe als auch das Höllen-Schicksal der auferstandenen Heiden zu verantworten. Dieser Kontrast betont noch einmal nachdrücklich die offenkundige und unbestreitbare Überlegenheit des Christengottes. Neben dieser transzendenten Funktion sind die *miracula* aber auch im höfischen Kontext von Relevanz: Im Haus der Witwe dienen die Wunder primär dazu, Georgs Ehre zu restaurieren und die Umgebung seinem adligen Status anzupassen, während sie am Königshof zur Unterhaltung der höfischen Gesellschaft beitragen sollen.

Insgesamt konnte in der vorliegenden Ausarbeitung exemplarisch herausgestellt werden, welche Rolle die Heiligenwunder im Christentum einnehmen. Vor allem im Mittelalter fanden Wundererscheinungen besonders viel Anklang, da sie unmittelbar mit göttlichen Mächten in Verbindung gebracht wurden. Die Wundertätigkeiten des heiligen Georg sind hierfür ein Paradebeispiel, konnten im Rahmen dieser Arbeit aber nicht vollständig betrachtet werden. Daher könnte es durchaus von Forschungsinteresse sein, auch die zahlreichen Wiederauferstehungen Georgs oder das Heilungswunder an Alexandrina genauer zu untersuchen und auf ihre Funktionen hin zu prüfen.

5. Literaturverzeichnis

Angenendt, Arnold: Das Wunder. Religionsgeschichtlich und christlich. In: Heinzelmann, Martin (Hg.): Mirakel im Mittelalter. Konzeptionen - Erscheinungsformen – Deutungen. Stuttgart 2002, S. 95–113.

Angenendt, Arnold: Heilige und Reliquien. Die Geschichte ihres Kultes vom frühen Christentum bis zur Gegenwart. München 1994.

Brinker, Klaus: Formen der Heiligkeit. Studien zur Gestalt des Heiligen in mittelhochdeutschen Legendenepen des 12. u. 13. Jahrhunderts. Bonn 1968.

Demm, Eberhard: Zur Rolle des Wunders in der Heiligkeitskonzeption des Mittelalters. In: Archiv für Kulturgeschichte 57 (1975), S. 300–344.

Feistner, Edith: Reinbot von Durne: Georgslegende. In: Brunner, Horst (Hg.): Mittelhochdeutsche Romane und Heldenepen. Stuttgart 2004, S. 311–325.

Heinzelmann, Martin: Die Funktion des Wunders in der spätantiken und frühmittelalterlichen Historiographie. In: Heinzelmann, Martin (Hg.): Mirakel im Mittelalter. Konzeptionen - Erscheinungsformen – Deutungen. Stuttgart 2002, S. 23–61.

Keller, Hiltgart Leu: Georg. In: Lexikon der Heiligen und biblischen Gestalten. Legende und Darstellung in der bildenden Kunst. Stuttgart 2013, S. 258–262.

Kraß, Andreas: Der heilige Eros des Märtyrers. Eine höfische Georgslegende des deutschen Mittelalters. In: Kraß, Andreas; Frank, Thomas (Hg.): Tinte und Blut. Politik, Erotik und Poetik des Martyriums. Frankfurt am Main 2008, S. 143-169.

Lembke, Astrid: Erzählte Heiligkeit. St. Georg in mittelalterlicher Dichtung. Berlin 2008.

Seidl, Stephanie: Blendendes Erzählen. Narrative Entwürfe von Ritterheiligkeit in deutschsprachigen Georgslegenden des Hoch- und Spätmittelalters. Berlin 2012.

6. Quellenverzeichnis

Einheitsübersetzung der Heiligen Schrift. Stuttgart 2016, URL: <https://www.die-bibel.de/bibeln/online-bibeln/einheitsuebersetzung/bibeltext/?no_cache=1>, Zugriff am: 12.08.2020.

Reinbot von Durne: Der heilige Georg. Nach sämtlichen Handschriften. Hg. von Carl von Kraus. Heidelberg 1907.

BEI GRIN MACHT SICH IHR WISSEN BEZAHLT

- Wir veröffentlichen Ihre Hausarbeit, Bachelor- und Masterarbeit

- Ihr eigenes eBook und Buch - weltweit in allen wichtigen Shops

- Verdienen Sie an jedem Verkauf

Jetzt bei www.GRIN.com hochladen und kostenlos publizieren